ERSTLESER

Weltraum

Ravensburger

Konzept und Text: Carola von Kessel
Illustration: Gerhard Schröder

Fachliche Beratung: Dr. Richard Bräucker,
Deutsches Zentrum für Luft- und Raumfahrt, Köln

Layout: Katrin Kleinschrot und Marion Köster
Satz: Katrin Kleinschrot

5 7 8 6 4

Postfach 2460 • D-88194 Ravensburg

Printed in Germany

ISBN 978-3-473-60003-8

www.ravensburger.de
www.wiesoweshalbwarum.com

FSC www.fsc.org
MIX
Papier | Fördert gute Waldnutzung
FSC® C111262

Inhalt

Was ist der Weltraum?

Der Nachthimmel beim Blick durch ein Teleskop

Der Weltraum umgibt
die Erde von allen Seiten.
Man nennt ihn auch
Weltall oder All.
Wenn du zum Himmel schaust,
siehst du einen Teil davon.
Im Weltraum gibt es
viele Himmelskörper
wie Sterne, Planeten und Monde.
Dazwischen herrscht völlige Leere.
Im All ist es ganz still
und fast überall dunkel.

Es ist ein weiter Raum
voller Geheimnisse.
Viele Rätsel wurden schon gelöst,
aber längst nicht alle.
Bist du bereit für
eine spannende Reise
durchs All?

Wie ist das Weltall entstanden?

Die Entstehung des Weltalls begann vor 13,8 Milliarden Jahren mit einer gewaltigen Explosion. Man nennt sie auch Urknall. Dabei entluden sich unvorstellbare Kräfte. Später bildeten sich aus winzigen Teilchen die ersten Sterne und Planeten.

Urknall

Die ersten kleinen Teilchen (Atome) entwickeln sich.

Seitdem wächst der Weltraum
immer weiter.
Kein Mensch weiß,
wie groß er genau ist.
Viele Forscher glauben,
dass er sich immer noch
weiter ausdehnt.

Es bilden sich
Sterne und Galaxien.

Unser Sonnensystem
mit den Planeten entsteht.

Was sind Sterne?

Sterne sind riesige Kugeln
aus heißem Gas.
Sie geben Wärme und Licht ab.
Die heißesten Sterne leuchten blau.
Kühlere Sterne strahlen gelb.
Die kältesten Sterne schimmern rot.

Sterne entstehen in großen Wolken aus Gas und Staub.

Wie werden Sterne geboren?

Wenn sich im All
viele kleine Teilchen
ganz eng zusammenballen,
entsteht ein neuer Stern.
Ab jetzt verbrennt er
sein Leben lang die Gase,
aus denen er besteht.
Wenn sie aufgebraucht sind,
stirbt der Stern.

Woraus bestehen Planeten?

Planeten sind Himmelskörper
aus Gas, Gestein und Eis.
Jeder von ihnen kreist
um einen Stern.
Ihre gleichmäßigen Runden
nennt man Umlaufbahnen.
Ein Mond ist der Begleiter
eines Planeten.
Monde bestehen
aus Gestein oder Eis.

Für einen Umlauf
um die Sonne braucht
unsere Erde 365 Tage.

Unseren Erdmond hast du sicher schon oft am Himmel gesehen.
Es gibt auch Planeten mit vielen Monden.
Planeten und Monde leuchten selbst nicht.
Sie können aber hell erstrahlen, wenn das Licht eines Sterns auf sie fällt.

Mond
Durchmesser:
3480 Kilometer

Was ist eine Galaxie?

Eine Galaxie ist
eine riesige Gruppe von Sternen.
Im Weltraum gibt es
überall Galaxien.
Sie entstehen,
weil sich die Sterne
gegenseitig anziehen.
Unsere Sonne und die Erde
gehören zu einer Galaxie
namens Milchstraße.

Spiral-Galaxie

Diese Balken-Spiral-Galaxie ähnelt unserer Milchstraße.

Wie findet man Schwarze Löcher?

Schwarze Löcher sind
sehr geheimnisvolle Bereiche.
Durch ihre starke Anziehungskraft
verschlingen sie alles
um sich herum.
Sogar das Licht!
Daher kann man sie nicht sehen.
Nur ihre Umgebung im All
verrät den Forschern,
wo sich die Löcher verbergen.

Leserätsel

1 In jedem Stern ist
ein Wort versteckt.
Bringe die Buchstaben
in die richtige Reihenfolge
und schreibe die Wörter auf.

2 Eine geheime Botschaft aus dem All!
Kannst du sie entschlüsseln?

 = A
 = G
 = R
 = S

 = D
 = L
 = U
 = ß

 = E
 = M

Was ist unser Sonnensystem?

Was gehört alles zum Sonnensystem?

Unsere Sonne entstand
vor etwa 4,6 Milliarden Jahren.
Sie ist ein Stern
und der Mittelpunkt
unseres Sonnensystems.

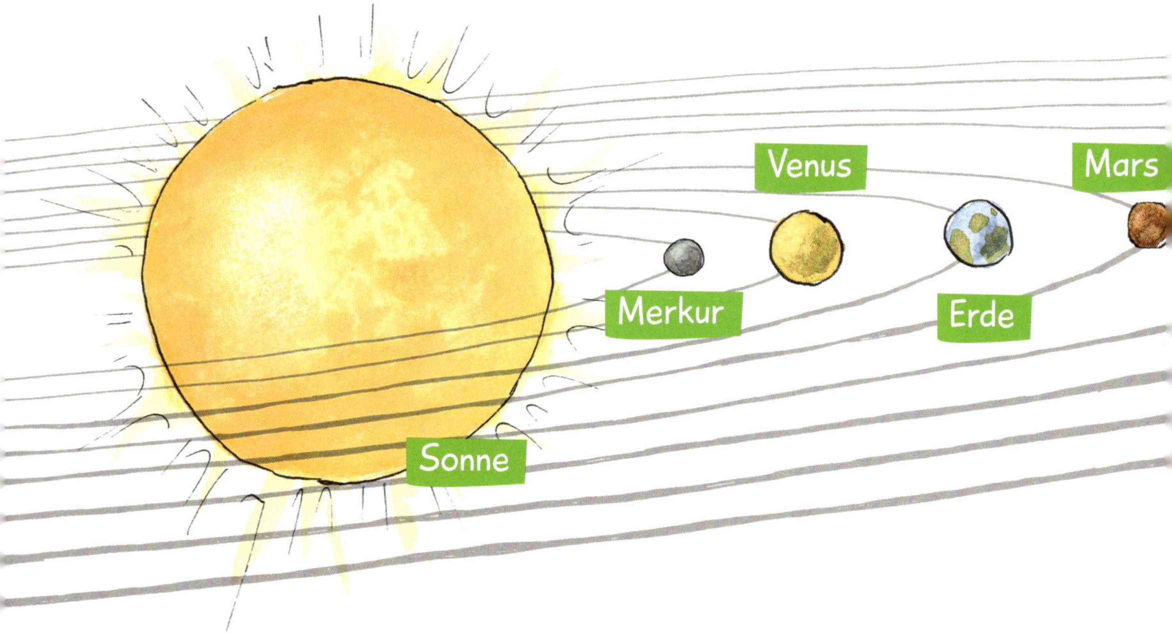

Acht Planeten kreisen um sie.
Die Anziehungskraft der Sonne
hält die Planeten
auf ihren Bahnen.
Außerdem gehören
zum Sonnensystem noch
viele kleinere Himmelskörper,
Gase und Staubteilchen.

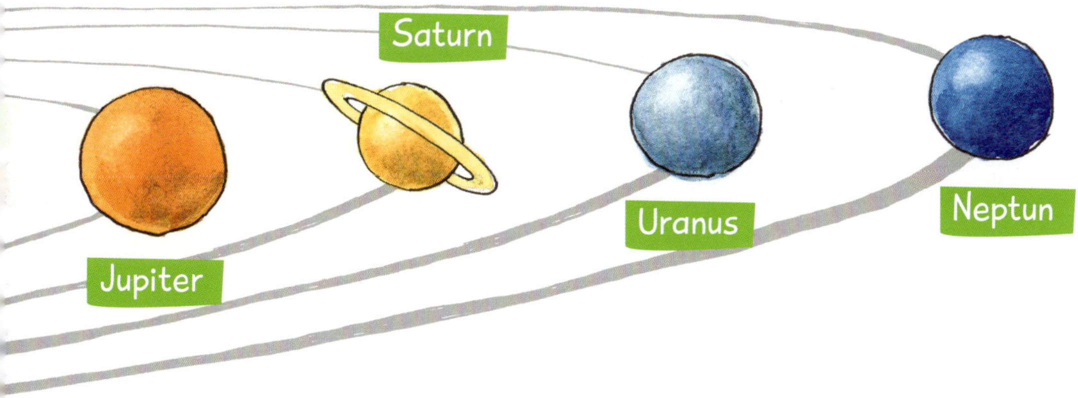

Wie unterscheiden sich die Planeten?

Die vier Planeten
Merkur, Venus, Erde und Mars
sind der Sonne am nächsten.
Sie haben feste Oberflächen.
Deshalb nennt man sie auch
Gesteinsplaneten.

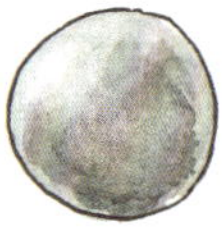

Merkur

Durchmesser:
4900 Kilometer

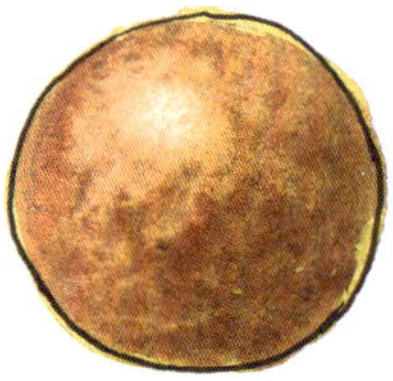

Mars

Durchmesser:
6790 Kilometer

Venus

Durchmesser:
12 100 Kilometer

Erde

Durchmesser:
12 760 Kilometer

Jupiter

Durchmesser:
143 000 Kilometer

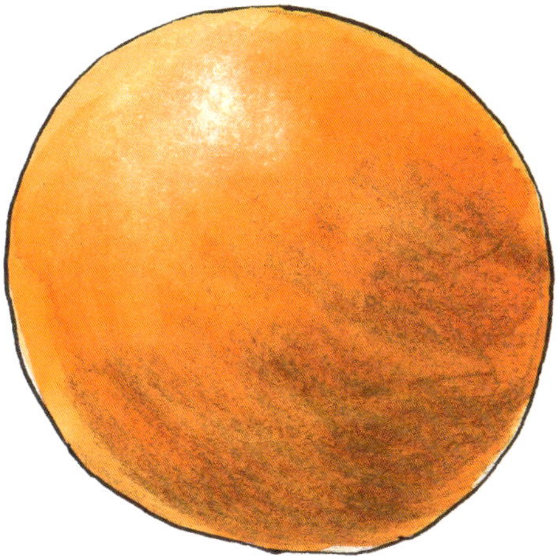

Saturn

Durchmesser:
120 500 Kilometer

Die Planeten Jupiter,
Saturn, Uranus und Neptun
sind weiter von der Sonne entfernt.
Jupiter und Saturn
bestehen hauptsächlich aus Gasen.
Daher heißen sie auch Gasriesen.

Wer sind die Eisriesen?

Die Planeten Uranus und Neptun
umrunden die Sonne
mit sehr großem Abstand.
Sie sind die kältesten Planeten
in unserem Sonnensystem.
Man nennt sie daher auch
die Eisriesen.

Uranus

Durchmesser:
51 100 Kilometer

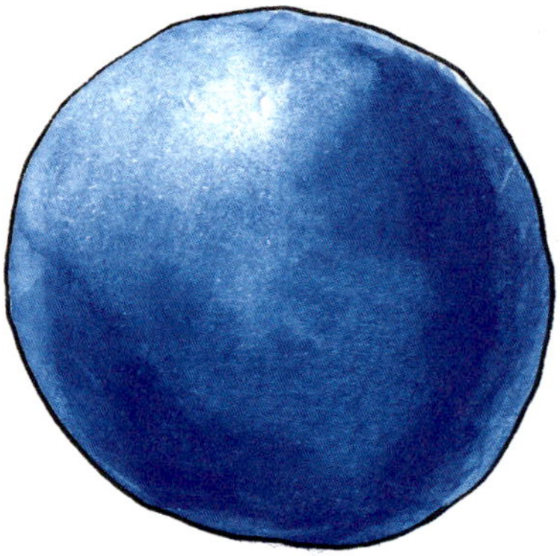

Neptun

Durchmesser:
49 500 Kilometer

Was ist ein Zwergplanet?

Pluto

Durchmesser:
2370 Kilometer

Auch der Zwergplanet Pluto
hat eine runde Form
und kreist um die Sonne.
Früher galt er daher als Planet.
Doch dann entdeckten Forscher
immer mehr ähnliche Himmelskörper.
Sie sind kleiner als die Planeten.
Ihre Anziehungskraft
reicht aber nicht aus,
um alle anderen Teilchen
auf ihrer Umlaufbahn
an sich zu ziehen.
Daher zählt man heute
Himmelskörper wie Pluto
zu den Zwergplaneten.

Wie heiß ist die Sonne?

Die Sonne ist außen
6000 Grad Celsius heiß.
Im Inneren sind es sogar
15 Millionen Grad.
Kein Mensch könnte es
in ihrer Nähe aushalten.
Für das Leben auf der Erde
spendet die Sonne aber
wohltuende Wärme.
Sie ist so weit
von der Erde entfernt,
dass ihre Strahlen acht Minuten
bis zu uns brauchen.

Sonne

Durchmesser:
1,4 Millionen Kilometer

Weshalb gibt es Leben auf der Erde?

Ohne die Sonne gäbe es auf unserem Planeten kein Tageslicht, kein flüssiges Wasser und keine Lebewesen. Nur weil die Sonne uns mit Energie versorgt, können wir hier leben. Hätte die Erde weniger oder mehr Abstand zur Sonne, wäre es zu heiß oder kalt dafür.

Die Sonnenstrahlen wärmen die Erde, sodass hier Leben entstehen konnte.

Wo ist die Sonne nachts?

Die Sonne strahlt
immer gleich hell.
Wir können sie nachts
aber nicht sehen,
weil die Erde sich ständig
um die eigene Achse dreht.
Dadurch zeigt immer
nur eine Seite der Erde zur Sonne.
Dort ist es Tag.
Auf die andere Seite
fällt kein Sonnenlicht.
Dort ist es Nacht.

Tag und Nacht entstehen durch die Drehung der Erde um sich selbst.

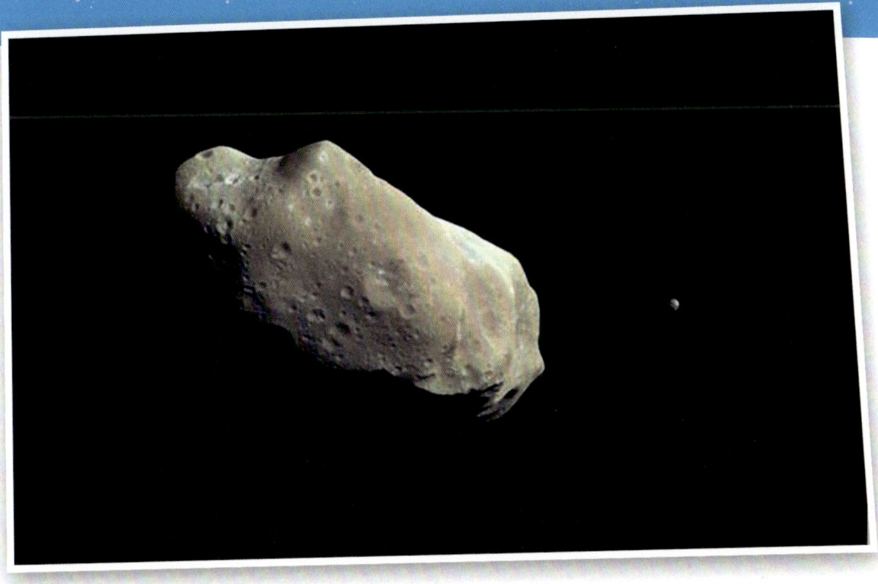

Asteroiden haben ganz unterschiedliche Formen.

Was ist ein Asteroid?

Asteroiden sind große Brocken
aus Gestein.
Einige enthalten auch Metalle.
Asteroiden kreisen ebenfalls
um die Sonne.
Sie sind kleiner als Zwergplaneten
und ungleichmäßig geformt.
Asteroiden können
mehrere Hundert Kilometer
groß sein.

Warum hat ein Meteoroid mehrere Namen?

Kleinere Brocken
aus Gestein oder Metall
bezeichnet man als Meteoroide.
Manchmal verglüht ein Meteoroid
in der Gashülle der Erde,
die man Atmosphäre nennt.
Wenn er am Himmel aufleuchtet,
bezeichnet man ihn als
Meteor oder Sternschnuppe.
Schlägt er dagegen
auf einem Planeten ein,
erhält er den Namen Meteorit.

Die Dinosaurier sind durch den Einschlag eines Meteoriten auf der Erde ausgestorben.

Manchmal kommt ein Komet der Erde so nahe, dass man ihn mit bloßem Auge sehen kann.

Weshalb leuchten Kometen?

Kometen ziehen auf langen Bahnen durch den Weltraum.
Sie bestehen aus Gestein, Staub und Eis.
Wenn ein Komet in die Nähe der heißen Sonne kommt, verdampft sein Eis.
Aus Dampf und Staub entsteht ein riesiger Schweif.
Diesen Schweif können wir manchmal am Himmel sehen, wenn die Sonne ihn beleuchtet.

Der Komet Hale-Bopp war zuletzt 1997 von der Erde aus zu sehen.

Leserätsel

1 Löse das Kreuzworträtsel.

1. kleinster Planet im Sonnensystem
2. bekannter Zwergplanet
3. Name unserer Galaxie
4. anderes Wort für Sternschnuppe
5. Planet, auf dem wir leben

2 In dem Riesenwurm sind fünf Wörter versteckt. Umkreise sie und schreibe sie auf die Linien.

Wie fliegen Menschen ins All?

Wann war der erste Mensch im Weltraum?

Vor etwa 60 Jahren
flog zum ersten Mal
ein Mensch ins All.
Der Russe Juri Gagarin
umkreiste 1961 die Erde
in einer Raumkapsel.

Juri Gagarin

Kurz darauf folgte Alan Shepard,
der erste amerikanische Astronaut.
In den folgenden Jahren starteten
viele weitere Raumschiffe.
Es war eine aufregende Zeit.
Endlich konnten die Menschen
die Erde vom All aus betrachten!
Heute erforschen
mehrere Länder gemeinsam
den Weltraum.
Dort gibt es immer noch
viel Spannendes zu entdecken.

Wo sind schon Astronauten gelandet?

Im Jahr 1969 landeten
die ersten Menschen auf dem Mond.
Es waren die Amerikaner
Neil Armstrong und Buzz Aldrin.
Bis 1972 folgten noch
fünf weitere Besuche auf dem Mond.
Seitdem war kein Astronaut
mehr dort.

Die ersten Astronauten auf dem Mond stellten die amerikanische Flagge auf.

Der Mond ist
der einzige Himmelskörper,
den jemals Menschen
betreten haben.
Es gibt aber schon Pläne
für Flüge zum Mars.
Wer weiß, wann dort
die ersten Menschen landen?

Wie startet eine Rakete?

Die Anziehungskraft hält
alle Dinge auf der Erde fest.
Nur sehr schnelle Raketen
können diese Kraft überwinden.
Eine Rakete ist aus
mehreren Stufen zusammengesetzt.
Jede Stufe treibt
mit ihrem Triebwerk
für kurze Zeit die Rakete an.

- **1** Start der Rakete
- **2** Stufen werden abgesprengt.
- **3** Die Raumkapsel fliegt ohne Rakete weiter.
- **4** Solarzellen werden ausgeklappt.

Sobald der Treibstoff einer Stufe verbraucht ist,
wird diese Stufe abgeworfen.
Dadurch wird die Rakete leichter
und kann noch schneller fliegen.
So befördert sie die Raumkapsel
mit den Astronauten ins All.
Dort kann die Kapsel
ohne Rakete weiterfliegen.

Warum müssen Raumfahrer topfit sein?

Raumflüge sind sehr anstrengend.
Beim Start und bei der Landung
müssen die Astronauten
gewaltige Kräfte aushalten.
Im Weltall wirkt
die Schwerelosigkeit
auf den Körper.
Dort fühlt sich jede Bewegung
ganz anders an als auf der Erde.
Auch dafür müssen
die Raumfahrer trainieren.

Unter Wasser können die Astronauten viele Handgriffe üben

Was schützt die Astronauten im All?

Ein Raumanzug schützt
die Astronauten
vor Hitze, Kälte und
gefährlicher Strahlung.
Er besteht aus
vielen Schichten Stoff und Metall.
Der Kopf steckt in einem Helm.
Der Anzug versorgt
die Raumfahrer auch
mit Sauerstoff zum Atmen.

Riesige Sonnensegel versorgen die ISS mit elektrischem Strom.

Was ist die Raumstation ISS?

Die Internationale Raumstation ISS
ist ein großes Forschungslabor
im Weltall.
Sie kreist ständig um die Erde.
Auf der Station leben
bis zu sieben Astronauten.
Sie führen in der Schwerelosigkeit
viele Experimente durch.
So helfen sie
den Forschern auf der Erde
bei der Entwicklung
neuer Geräte und Arzneimittel.

Wie lebt man auf der Raumstation?

In der Schwerelosigkeit
schwebt alles davon,
was man nicht festhält.
Daher schlürfen die Astronauten
ihr Essen und Trinken
aus Beuteln.
Damit sie nicht
durch die Station schweben,
schlafen sie in kleinen Kabinen.
Auch Wasser würde davonfliegen.
Zum Waschen reiben
die Raumfahrer sich daher
mit nassen Tüchern ab.

An Bord der ISS
müssen die Astronauten
auch das Essen
ankleben oder festhalten.

Beim Sport schnallen sich die Astronauten an, damit sie nicht davonschweben.

Wie halten sich die Astronauten fit?

Auf der Raumstation
sind die Astronauten schwerelos.
Deshalb werden
ihre Muskeln und Knochen
weniger belastet
und ohne Sport immer schwächer.
Die Raumfahrer halten sich
mit Laufbändern
und Fahrrädern fit.

Wie kehren die Astronauten zurück?

Für die Rückkehr zur Erde
steigen die Astronauten
in eine Raumkapsel.
Die Kapsel wird
von der Raumstation abgestoßen.
Beim Eintritt
in die Luftschicht der Erde
wird die Kapsel langsamer.
Danach öffnen sich Fallschirme
und besondere Triebwerke
bremsen die Kapsel ab.
Die Astronauten landen
in einer abgelegenen Gegend.

Nach der Landung werden die Astronauten sofort untersucht und versorgt.

Leserätsel

1 Der Astronaut hat sich verlaufen.
Verbinde die Buchstaben
auf seinem Weg und erfahre,
wo er hinmöchte.

2 Was gehört zusammen?
Verbinde die Wörter mit Linien.

FALL	WERK
RAUM	START
TRIEB	LANDUNG
MOND	SCHIRM
RAKETEN	ANZUG

3 In dem Gitter sind
vier Begriffe versteckt.
Kreise sie ein.

P	D	H	E	L	M	H	N	K
T	O	G	Z	T	N	W	U	B
A	F	K	T	X	J	R	Z	N
H	N	R	A	K	E	T	E	W
T	B	A	N	E	H	S	I	G
S	V	O	K	P	W	V	A	J
B	Z	L	U	I	U	C	L	F
A	S	T	R	O	N	A	U	T

Raumstation zum Stickern

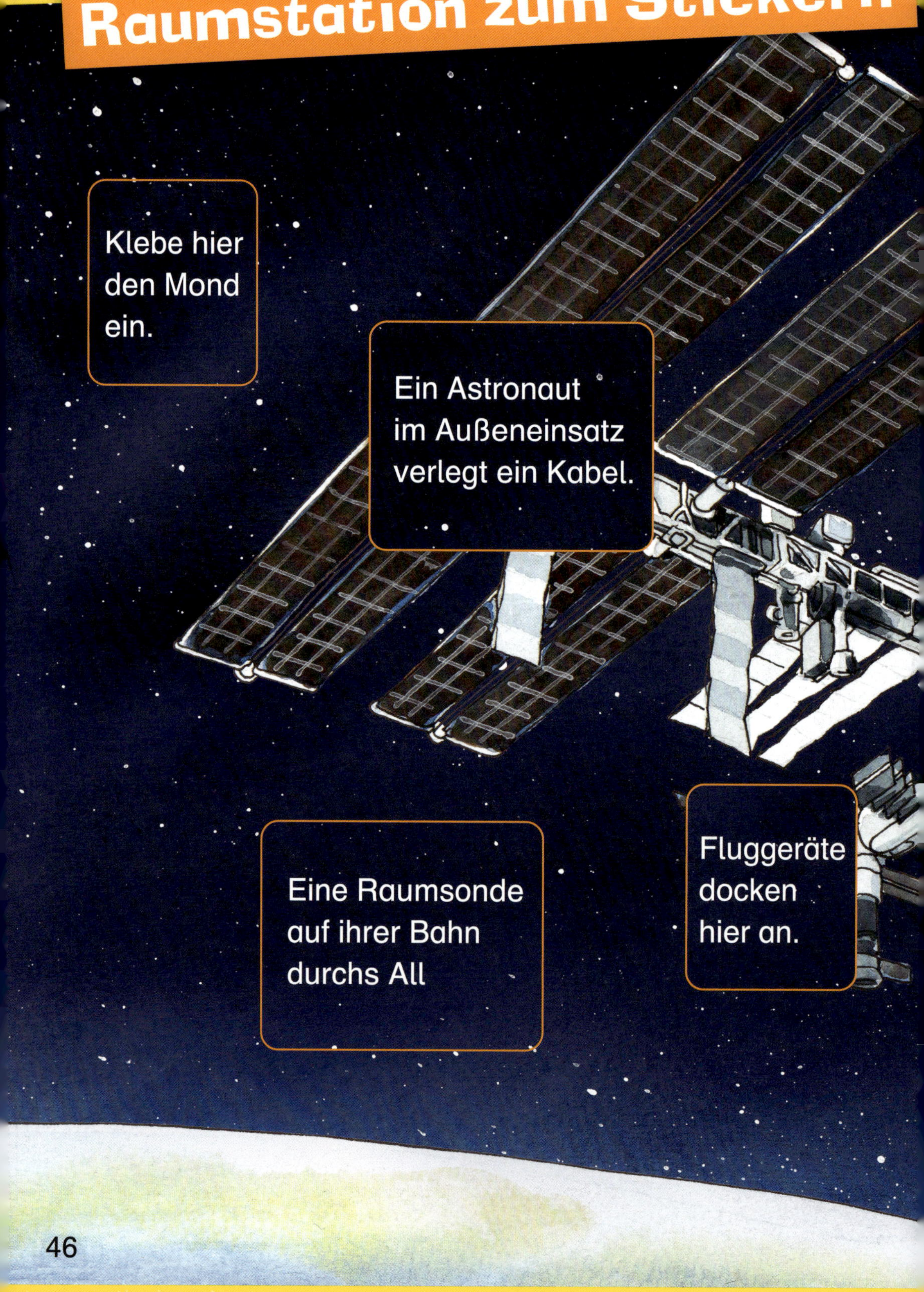

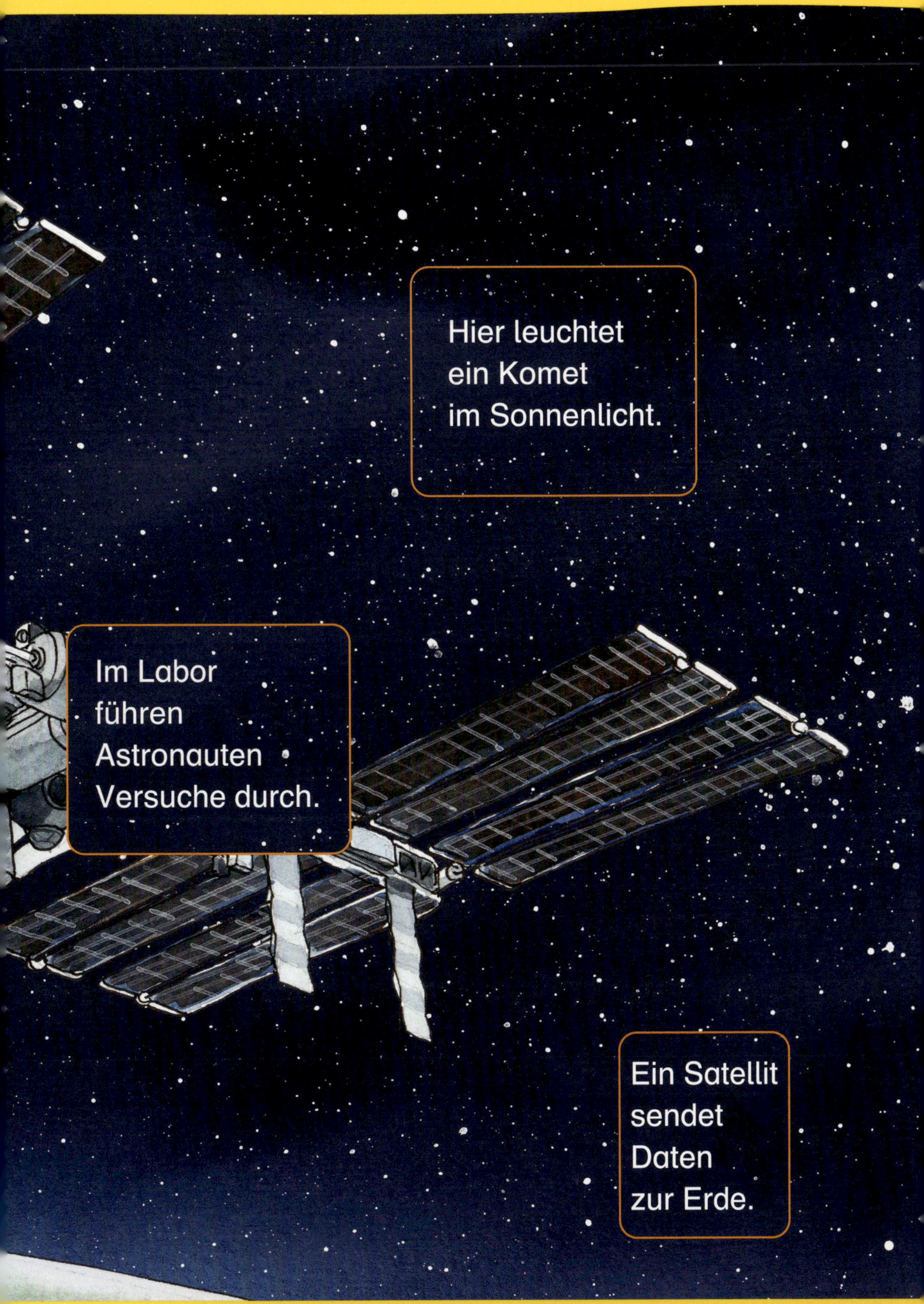
Hier leuchtet
ein Komet
im Sonnenlicht.
Im Labor
führen
Astronauten
Versuche durch.
Ein Satellit
sendet
Daten
zur Erde.

Wie erforschen wir den Weltraum?

Was ist die Astronomie?

Seit Jahrtausenden beobachten
die Menschen den Himmel.
Die Erforschung des Alls
nennt man auch Astronomie.
Früher hielten die Astronomen
die Erde für den Mittelpunkt
des Weltraums.
Heute wissen wir,
dass sie nur ein kleiner Planet
in einem riesigen Weltall ist.

Schon unsere Vorfahren haben den Himmel mit Teleskopen beobachtet.

Moderne Radioteleskope erfassen auch sehr schwache Strahlen aus dem All.

Wie blicken wir heute ins All?

Mit modernen Teleskopen
können die Forscher
sehr weit ins All schauen.
Die genauesten Teleskope
stehen in Sternwarten.
Radioteleskope fangen sogar
ganz feine Signale
aus dem All auf.
Diese Radiowellen werden dann
von Computern
in Bilder umgewandelt.

Was ist ein Weltraumteleskop?

Weltraumteleskope umkreisen
die Erde im All.
Von dort senden sie
Bilder zur Erde.
Das Weltraumteleskop Hubble
ist besonders berühmt.
Es liefert schon seit 30 Jahren
beeindruckende Fotos und Videos
aus dem Weltraum.

Hubble-Aufnahme einer fernen Galaxie

Nachrichten-Satelliten umkreisen die Erde.

Was sind Raumsonden und Satelliten?

Raumsonden fliegen zu weit entfernten Himmelskörpern und erforschen sie. Satelliten kreisen dagegen auf gleichmäßigen Bahnen um die Erde. Sie beobachten zum Beispiel das Wetter oder übertragen Fernsehprogramme.

Was leuchtet am Nachthimmel?

Nicht alle leuchtenden Punkte
am Himmel sind Sterne.
Auch Planeten,
Monde und Satelliten
können funkeln,
wenn Sonnenlicht auf sie fällt.
Wie hell dir ein Stern vorkommt,
hängt von seiner Leuchtkraft
und der Entfernung zur Erde ab.

Warum sieht der Mond nicht immer gleich aus?

Der Mond kreist ständig um die Erde.
Für eine Runde
braucht er etwa 27 Tage.
Im Laufe dieser Zeit
ändert der Mond auch
seine Stellung zur Sonne.
Wir sehen immer nur
den Teil von ihm,
der von der Sonne angestrahlt wird.
Seine Form bleibt aber immer gleich.

Mondphasen

1 Neumond

2 Zunehmender Mond

3 Vollmond

4 Abnehmender Mond

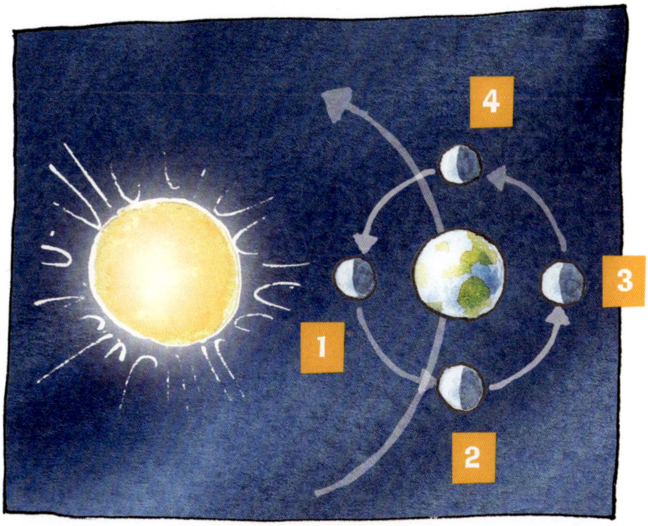

Verlauf einer Mondfinsternis

Was ist eine Finsternis?

Bei einer Mondfinsternis
befindet sich die Erde
zwischen Sonne und Mond.
Dadurch fällt
nur wenig Sonnenlicht
auf den Mond
und er schimmert rötlich.
Bei einer Sonnenfinsternis
wandert der Mond
zwischen Erde und Sonne.
Dann liegt ein Teil der Erde
für kurze Zeit im Dunkeln.

Sonnenfinsternis

Welche Sternbilder können wir sehen?

Am Nachthimmel kannst du verschiedene Sternbilder entdecken.
Von Europa aus ist der Große Bär meist gut zu erkennen.
Am besten beobachtest du den Nachthimmel an einem dunklen Ort.
Von dort kannst du besonders viele Sterne sehen.

Leserätsel

1 Fülle die Gitter mit Silben.
Pro Zeile, Spalte und
buntem Rechteck darf jede Silbe
nur einmal vorkommen.
Welche Wörter sind hier versteckt?
Schreibe sie unter die Gitter.

AS			NO
	TRO		
			MIE

_ _ _ _ _ _ _ _ _ _

		MOND	
	FINS		
TER			NIS

_ _ _ _ _ _ _ _ _ _ _ _ _ _

2 Bringe die Silben in die richtige Reihenfolge und schreibe die Wörter unten zu den passenden Bildern.

Ko | te | le | skop | Raum | Te | Stern | de | met | son | war

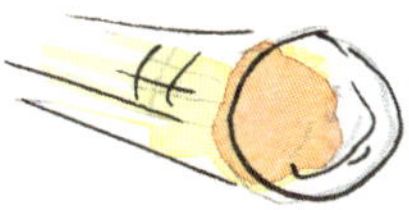

_ _ _ _ _

_ _ _ _ _ _ _ _ _

_ _ _ _ _ _ _ _ _ _

_ _ _ _ _ _ _ _

Lesequiz

1 Womit begann die Entstehung des Weltalls?

a) mit dem Urkrach

b) mit dem Urknall

c) mit dem Urschrei

2 Wie nennt man eine riesige Gruppe von Sternen?

a) Galaxie

b) Sonnensystem

c) Supernova

3 Welcher Satz ist richtig?

a) Der Weltraum wird immer kleiner.

b) Der Weltraum wird immer größer.

c) Der Weltraum bleibt immer gleich groß.

4 Wer hat einen leuchtenden Schweif?

a) Asteroid

b) Komet

c) Meteorit

5 Wo sind schon Menschen gelandet?

a) auf der Sonne

b) auf dem Mars

c) auf dem Mond

6 Womit kehren die Astronauten zur Erde zurück?

a) mit einer Raumkapsel

b) mit einer Raumsonde

c) mit einer Rakete

Lösungen

Seite 16/17

1 PLANET, STERN, WELTALL, GALAXIE

2 GRUß AUS DEM ALL

Seite 30/31

1

	4˅		3˅			
			M			
			I			
2›		P	L	U	T	O
			C			
			H			
			S			
			T			
1›	M	E	R	K	U	R
	E		A			
	T		ß			
	E	5›	E	R	D	E
	O					
	R					

2

Seite 44/45

1

Lösung: FORSCHUNGSLABOR

2 FALLSCHIRM
RAUMANZUG
TRIEBWERK
MONDLANDUNG
RAKETENSTART

3

P	D	H	E	L	M	H	N	K
T	O	G	Z	T	N	W	U	B
A	F	K	T	X	J	R	Z	N
H	N	R	A	K	E	T	E	W
T	B	A	N	E	H	S	I	G
S	V	O	K	P	W	V	A	J
B	Z	L	U	I	U	C	L	F
A	S	T	R	O	N	A	U	T

Seite 46/47

Seite 56/57

1

AS	MIE	TRO	NO
NO	TRO	MIE	AS
MIE	NO	AS	TRO
TRO	AS	NO	MIE

Lösung: ASTRONOMIE

NIS	TER	MOND	FINS
MOND	FINS	NIS	TER
FINS	NIS	TER	MOND
TER	MOND	FINS	NIS

Lösung: MONDFINSTERNIS

2 Komet
Raumsonde
Sternwarte
Teleskop

Seite 58/59

1 b) **4** b)
2 a) **5** c)
3 b) **6** a)

Klebe an dieser Stelle
einen Briefumschlag ein.
Benutze dazu einen Klebestift
und beachte seine Kennzeichnung.
In dem Umschlag kannst du
die ausgeschnittenen Karten
aufbewahren.
So geht nichts verloren.

Leselotto

Anleitung

Schneide die 24 Karten
mit einer Bastelschere aus
und mische sie.
Lege sie dann
mit der Vorderseite nach oben
vor dich hin.
Welcher Text
beschreibt welches Bild?
Die Rückseiten der richtigen Paare
haben dieselbe Farbe.
So kannst du prüfen,
ob alles stimmt.

Bildnachweis

Abkürzungen: oben (o.); unten (u.)

Cover: Adobe Stock: TebNad (o.), Jiva Core (u.)

Adobe Stock: Arch88 (38), reinaroundtheglobe (49)

Picture Alliance: dpa/Lehtikuva Oy c900852 (32)

Wikimedia Commons: NASA, ESA and The Hubble Heritage Team STScl/AURA (4, 14 u.), Dylan O'Donnell/cc-zero (6), ESO/cc-by-4.0 (11), Luc Viatour/https://lucnix.be/cc-by-sa-3.0 (13), NASA/JPL-Caltech and The Hubble Heritage Team STScl/AURA (14 o.), NASA/JPL (27), Philipp Salzgeber/cc-by-sa-2.0-at (29 o.), Mkfairdpm/cc-by-sa-3.0-migrated-with-disclaimers (29 u.), NASA (40, 41, 42, 51), ESA/Hubble & NASA, L. Ho/cc-by-4.0 (50), Jason Snell/cc-by-2.0 (54 o.), Michael Zapf/cc-by-2.5 (54 u.)

Teleskop

Raumsonde

Astronaut

Galaxie

Rakete

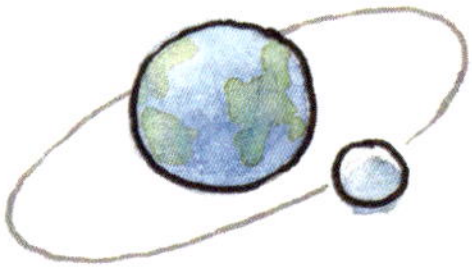

Umlaufbahn

Asteroid

Jupiter

Satellit

Raumkapsel

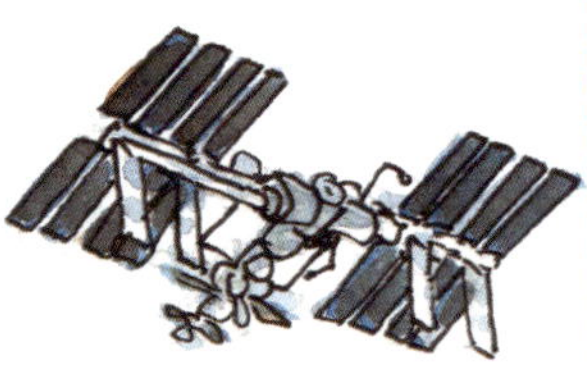

Raumstation

Saturn

Gerät zur Beobachtung des Nachthimmels	Fluggerät, das weit entfernte Himmelskörper erforscht	Mensch, der ins All reist
Große Ansammlung von Sternen	Fluggerät, das Menschen ins All befördert	Bahn, auf der im All ein Körper um einen anderen kreist
Großer, unregelmäßig geformter Himmelskörper aus Gestein	Größter Planet in unserem Sonnensystem	Fluggerät, das um die Erde kreist und das Wetter beobachtet
Der Teil des Raumschiffs, in dem die Astronauten sitzen	Fliegendes Labor im Weltall	Gasplanet mit auffälligen Ringen